Socrate al caffé / di Pina La Villa

ebook: ISBN 978-88-6711-027-8
book: ISBN 978-88-6711-028-5

edizione: settembre 2017

Tutti i diritti riservati in tutti i Paesi. Questo libro è pubblicato senza scopi di lucro ed esce sotto Creative Commons Licenses. Si fa divieto di riproduzione per fini commerciali. Il testo può essere citato o sviluppato purché sia mantenuto il tipo di licenza, e sia avvertito l'editore o l'autore.
Email: <u>zerobook@girodivite.it</u>

Socrate al caffé
di Pina La Villa

ZeroBook

Socrate al caffé....................7

Riflettere sull'Olocausto insieme ad Hannah Arendt....................35

Il 900 in una biografia: Le date di Hannah............................78

Bibliografia....................81

Le opere 81
Opere su Hannah Arendt 82

Nota editoriale....................86

L'autrice....................86
Questo libro....................87
Le edizioni ZeroBook....................87

Socrate al caffé

Socrate al caffè? Socrate, Il Filosofo, girava per la città, brutto, ironico, inquietante. Fu condannato a morte perché insinuava il dubbio. Con lui i giovani non rispettavano più le sacre tradizioni, i miti della città e le illusioni della democrazia. Ma cosa faceva Socrate? Chiedeva le definizioni, insegniamo a scuola. Ma cosa sono le definizioni? Socrate chiedeva: cos'è la virtù? alla risposta, quella che tutti daremmo, diciamo quella che va per la maggiore - generica, banale, scontata, ragionevole e piena di buon senso - Socrate incalzava, ironizzava, demoliva, ampliava e restringeva il discorso, prendeva in giro e accompagnava per mano

l'interlocutore. Fino a dove? Fino al luogo della consapevolezza, quando la risposta non fosse più quella dei più. Socrate non dà le definizioni, non scrive, aveva paura che il concreto, l'esperienza potesse rimettere in discussione tutto. E allora occorreva ricominciare. Il nome di Socrate è legato alla famosa massima "conosci te stesso". Il richiamo a conoscere se stessi non è un richiamo all'interiorità. Conosci te stesso significa parti da te per giudicare, per conoscere, rifletti, pensa con la tua testa e il tuo cuore. Il caffè è il luogo per eccellenza della chiacchiera inutile.
L'accostamento a Socrate è invito a immaginare la distanza tra la piazza, l'agorà di Atene, e il caffè, in cui, rispetto alla piazza della città-stato, manca assolutamente il contatto con la

città e i suoi problemi, manca un potere di decisione, per cui la chiacchiera diventa fine a se stessa. "Chiacchiere da bar" diciamo, a indicare il più basso livello delle discussioni. Metti però Socrate in questa specie di non-luogo - l'antropologo Marc Augé definisce così i luoghi privi di storia e di identità, sede dell'anonimato, come gli aeroporti e i supermercati - o meglio ancora, immaginalo in un luogo della città - la proposta dei circoli filosofici cittadini - in cui si riuniscono più di due persone per parlare, discutere. Non quindi la filosofia dell'accademia e degli addetti ai lavori, ma la filosofia come indagine e amore per la polis, per la politica. L'idea è quella di un "nuovo" prendersi carico dei problemi da parte dei cittadini. Ma questo pone altri problemi: chi sono i cittadini?

Hanno un potere di decisione? In quali ambiti? (Io mi pongo il problema di cosa farò oggi pomeriggio se posso decidere cosa farò oggi pomeriggio; se non ho un potere di decisione semplicemente me ne frego, attendo che qualcuno mi dica cosa devo fare). Ho paura che su molte questioni, nella società complessa in cui viviamo, noi abbiamo un potere di decisione molto limitato. Anche perché abbiamo, per varie ragioni, smesso l'abito della critica, della riflessione (o non l'abbiamo mai avuto?). Cosa chiederebbe oggi Socrate ai suoi interlocutori? Quando ho fatto questa domanda ai miei alunni dapprima hanno detto la pace, poi, sottovoce, poiché io ho chiesto cosa veramente pensassero che interessava oggi, qualcuno ha detto il sesso. Sono entrambe risposte indicative del potere di decisione di cui parlavo prima. La pace è stata indicata perché era quello che si aspettavano io volessi, il sesso era il campo sul quale volevano sapere qualcosa di più, almeno fino a quando non si sono resi conto che la guerra, presentata dai mass-media, soprattutto all'inizio, in maniera così asettica e lontana, è in realtà molto vicina. E forse merita che cerchiamo di capire se ci resta un margine di potere di decisione in questo campo. Oggi Socrate mi chiederebbe, ci chiederebbe: Cos'è la guerra umanitaria? Cos'è il terrorismo? Cos'è la politica? Cos'è il giudizio? Perché sento questo senso di impotenza? O almeno questo è quello che io mi sono chiesta negli ultimi mesi. Non ho gli strumenti per affrontare un discorso di questo genere, né è questo il tema del nostro incontro. Però spesso, negli ultimi mesi, riflettendo su queste domande, e poi anche sul tema di questa sera, mi è venuto in mente uno scritto di Hannah Arendt, filosofa, o meglio pensatrice della politica, come preferiva definirsi. Un testo che ritengo interessante sia per chiarire il senso dell'incontro di questa sera, sia per proporre un tema possibile per una riflessione non accademica: il giudizio. Perché Hannah Arendt e perché un suo testo lo anticipo con le parole di Laura Boella, che ha dedicato ad Hannah Arendt - e ad altre filosofe - un libro dal titolo Cuori pensanti.

> "Hannah Arendt parla intensamente alle nostre società deluse dalla politica, in quanto richiama a un'idea di

> potere come capacità di iniziativa, non titolarità di un ruolo o di un'autorità per disporre dei destini altrui. E richiama anche a un'idea della politica che è dimensione esistenziale, attraversa ogni forma di attività e di esperienza, non è tecnica di governo, ma arte e piacere di stare insieme, di scambiare idee e parole".

Nata nel 1906, morta nel 1975, ebrea tedesca, allieva di Heidegger e di Jaspers, Hannah Arendt ha come orizzonte di pensiero il periodo tra le due guerre, il nazismo e il totalitarismo. Occorre tenerne conto, come e più che per altri pensatori, perché il suo pensiero cresce sulle cose, sui problemi, sugli eventi drammatici fra le due guerre. La questione ebraica, il nazismo, il totalitarismo, la società di massa, la libertà, l'agire politico, l'identità, la differenza. Sono le sue esperienze, la sua vicenda esistenziale - soprattutto l'esperienza dello sradicamento - che diventano problema filosofico. Il risultato della sua riflessione è la comprensione forse più acuta di questi fenomeni della storia del nostro secolo. Nel 1933, con l'ascesa al potere di Hitler è costretta a lasciare la Germania e a emigrare in Francia. Arrestata nella primavera del 1940 per la sua attività a sostegno delle comunità ebraiche, riesce a fuggire e a rifugiarsi negli Stati Uniti, ottenendone la cittadinanza. Qui insegna filosofia della politica alla "New School for Social research" di New York. Nel 1961 fu inviata dal periodico "The New Yorker" a Gerusalemme per seguire e commentare il processo a Adolf Eichmann, il gerarca nazista responsabile dell'olocausto e catturato dal Mossad in Sud America dove si era nascosto. Queste cronache, poi raccolte in un volume che in Italia è stato tradotto nel 1964 col titolo La banalità del male. Eichmann in Gerusalemme, da Feltrinelli, suscitarono una polemica, nata soprattutto, dice Arendt, da fraintendimenti, come spesso accade (il concetto di banalità del male, rimasto a indicare l'orrore dei campi di sterminio nazisti, subì una varietà di interpretazioni). Su queste cronache, e sul dibattito che suscitarono, nel 1964 Arendt scrive La responsabilità personale sotto la dittatura, che è il testo di cui prima dicevamo.

Non intendo in questo modo fare paragoni tra i fatti sui quali oggi proviamo a riflettere e quelli sui quali rifletteva Arendt. Niente di più lontano da un'arendtiana convinta del valore dell'esperienza particolare e della necessità di un giudizio che nasce dalle cose e non applica pedissequamente norme e principi generali. Credo però che alcune questioni che il testo solleva ci possano essere utili. Utili soprattutto a tener desta l'attenzione sui rischi sempre in agguato per la società di massa in cui viviamo.

Il testo dunque. Arendt segue il processo al criminale nazista Eichmann (sarà poi condannato a morte dal tribunale israeliano). Quello che la colpisce, e che spinge la sua analisi, è la assoluta tranquillità, anzi la assoluta normalità di Eichmann, un

"banale" mostro: un uomo che poteva compiere quei crimini e sentirsi tranquillo, giocare coi bambini, essere un buon padre di famiglia. Non condivide né la linea dell'accusa né quella della difesa: l'accusa pretendeva di processare, con Eichmann, un sistema; la difesa, e l'imputato in primo luogo, ribattevano che non si era trattato d'altro che di ubbidire agli ordini. In entrambi i casi veniva sottovalutata la responsabilità personale. Arendt dimostra quindi in primo luogo che esiste una responsabilità personale, esiste nel caso di Eichmann, esiste nel caso di tutti gli altri "burocrati" nazisti processati in quegli anni.
Assodato questo resta il problema di capire come sia stata possibile l'esistenza di tanti Eichmann, considerando che non solo si trattava di ubbidire agli ordini

ma, spesso, di condividerli. Per quanto riguarda il primo punto: "Io ero partita dalla convinzione che noi fossimo pur sempre d'accordo con Socrate che affermava: 'E' meglio subire un torto anziché farlo'". Non era così, il ragionamento che si faceva era che fosse impossibile resistere a qualsiasi tentazione. Citazione da Mary McCarty (amica e corrispondente di Arendt): "Se uno ti punta addosso un fucile e ti dice 'uccidi il tuo amico o io uccido te', egli ti induce in tentazione, ecco tutto". Può esserci una giustificazione giuridica, non morale. In realtà c'era, secondo Arendt, nel dibattito suscitato dalle cronache, una diffusa paura di giudicare. Era più facile ricorrere al concetto di colpa collettiva o, come voleva la difesa e Eichmann, alla figura del capro

espiatorio, che si assume le responsabilità di tutti e che per questo può sperare di farla franca. Tutti colpevoli è come dire nessuno colpevole.
(Mi è capitato a scuola di mio figlio. In gita scolastica i ragazzi avevano messo un sonnifero nelle bevande dei professori - volevano andare a ballare fino a notte tarda. Qualcuno ci riflette , confessa. Al ritorno si imbandisce un processo , per far crescere i ragazzi , farli riflettere sul tema dell'omertà, farli confessare tutti, soprattutto quelli che, sapendolo, non lo hanno detto in tempo ai professori. I ragazzi, probabilmente guidati da qualche genitore, hanno scelto la soluzione del capro espiatorio. Uno solo di loro , quello che , per avere la madre che prendeva sonniferi e il padre medico, poteva facilmente essere

individuato come chi era in possesso del sonnifero, si accollò la responsabilità, facendolo in modo tale, con l'aiuto determinante della difesa materna, da risultare alla fine il vero eroe. Coperti i singoli responsabili del gruppo che aveva architettato tutto, i veri rei risultarono alla fine coloro che avendolo poi saputo, non avevano confessato immediatamente - tra cui mio figlio, superficiale come tanti - che hanno dalla loro però il fatto che non avevano avuto il tempo di riflettere e di avere rimorsi come il ragazzo che poi confessò. Diversi livelli di responsabilità - non fu nemmeno menzionata la possibile responsabilità di chi aveva permesso che dei ragazzi in gita potessero procurarsi e mettere un sonnifero nelle bevande - trattati in maniera assolutamente

diseguale e un processo altamente diseducativo).
E' lo stesso principio che vale in una società burocratizzata come quella nazista, è il principio delle rotelle dell'ingranaggio, che faceva perdere di vista che quello che si giudicava era un uomo. Al quale si può, nel processo, ribattere: "E perché lei è diventato una rotella del sistema o lo è rimasto, se quelle erano le circostanze?". Parte da qui la riflessione sul regime totalitario, che Arendt distingue dalle dittature, dallo stesso fascismo. Da un lato si chiede come fu possibile l'adesione di molti, un'intera generazione, al nazismo, dall'altro tenta di rispondere a chi, fra questi, accusa coloro che non collaborarono per non essersi assunti la responsabilità di cambiare dall'interno il regime,

di rimanere al loro posto per esercitare un'azione moderatrice e salvare almeno qualcuno. L'adesione "non era una simulazione ipocrita dettata dalla paura, ma il fervore improvviso di non perdere il treno della storia. Da un giorno all'altro ci fu un cambiamento di opinioni per così dire sincero, che coinvolse la grande maggioranza della gente di tutti i ceti e mestieri, e che allora fu accompagnato dall'incredibile facilità con cui furono bruscamente troncate amicizie di una vita. Per farla breve: quel che ci sconvolgeva non era il comportamento dei nostri nemici, ma quello dei nostri amici, senza che questi avessero fatto nulla perché ciò accadesse. Essi non erano responsabili del nazismo; erano soltanto impressionati dal suo successo, e incapaci di dare il

proprio giudizio contro quello che ritenevano un verdetto della storia" (p.103).
Ci sono altri termini, meno eufemistici, per dire di questo meccanismo: si sale sul carro del vincitore, si diventa più realisti del re (è il caso di molti giornalisti italiani, non responsabili della guerra, ma ardenti suoi sostenitori e per questo soprattutto propalatori di bugie che nemmeno Clinton direbbe: al primo bombardamento di una colonna di profughi, poi riconosciuto come "errore" dagli americani, in Italia si dicevano tutti convinti che era stata una manovra serba per dare la colpa agli americani). "Vi furono poche persone, nel Terzo Reich, che approvarono incondizionatamente i crimini successivi; ma in cambio furono molti coloro che [all'inizio] erano assolutamente

pronti a commetterli" (p.114). Sono quelli che dopo la guerra si giustificarono dicendo che erano rimasti al loro posto, posizione secondo loro più "responsabile" di coloro i quali si ritirarono a vita privata. Il loro argomento è quello del male minore. "Quest'argomento dice che di fronte a due mali si è obbligati a scegliere quello minore, mentre sarebbe irresponsabile rifiutarsi addirittura di scegliere. Coloro i quali denunciano la fallacia morale di quest'argomento vengono normalmente accusati di sterile moralismo che nulla ha a che fare con la realtà della politica: gente che non è disposta a sporcarsi le mani". Su questo piano, secondo Arendt, è stato più il pensiero religioso che quello filosofico - ad eccezione di Kant - a respingere qualsiasi compromesso. Nel Talmud è scritto: "Se vi si chiede di sacrificare un uomo per il bene della comunità, non lo consegnate. Se vi si chiede di consegnare una donna da disonorare per la salvezza di altre donne, non lasciate che sia disonorata" (p. 115). Secondo Arendt la debolezza dell'argomento del male minore sta "nel fatto che chi sceglie il male minore dimentica rapidamente di aver scelto a favore di un male" (p. 115). Ancora di più Arendt osserva che questo argomento risale proprio all'epoca nazista, allo "armamentario terrorista e criminale. L'accettazione del male minore viene consapevolmente utilizzata per abituare i funzionari e la popolazione ad accettare in generale il male in sé" (p.116). Era cioè il meccanismo interno di funzionamento di un regime che aveva creato un nuovo diritto la cui pietra angolare era il comandamento "tu devi uccidere". Allora il problema non può essere il cambiamento dall'interno o il male minore, il problema è se dare o no il proprio consenso, il proprio sostegno di fatto a un regime di questo tipo. Il problema è il giudizio e la capacità di non confondere il consenso con l'obbedienza. Vale la pena di riportare per intero l'argomentazione finale di Arendt, avendo presente, come ormai spero si sia capito, il problema del giudizio, e in particolar modo il problema della necessità del giudizio - e le sue implicazioni - sulla guerra in corso.

"Coloro che non collaborarono e furono

accusati di irresponsabilità dalla maggioranza, furono gli unici che osarono giudicare personalmente [non perché disponevano di un sistema di valori migliore, furono anzi "gli elementi della società rispettabile" i "primi a cedere cambiando semplicemente un sistema di valori con un altro"]. Direi dunque che coloro che non collaborarono si comportarono così perché la loro coscienza non funzionava in modo per così dire automatico - vale a dire come se disponessimo di una serie di regole apprese o innate che applichiamo quando occorre, cosicché ogni nuova esperienza o situazione è già giudicata a priori e non dobbiamo fare altro che eseguire quanto già sapevamo in anticipo o abbiamo appreso. Io credo invece che essi abbiano adottato un altro criterio: che si siano chiesti fino a che punto avrebbero potuto restare in pace con se stessi se avessero commesso certi atti, e che abbiano quindi preferito non commetterli. Non perché in questo modo il mondo sarebbe cambiato in meglio, ma perché solo a questa condizione essi potevano continuare a vivere restando se stessi. E quindi scelsero anche la morte quando furono costretti a collaborare. Per dirla in termini estremi: si rifiutarono di uccidere non perché ubbidivano rigorosamente al comandamento "non uccidere", ma piuttosto perché non volevano convivere con un assassino - cioè con se stessi. Il presupposto per formarsi questo tipo di giudizio non è un'intelligenza altamente sviluppata o un senso morale estremamente differenziato, ma semplicemente l'abitudine a convivere senza infingimenti con se stessi, a trovarsi in quel silenzioso colloquio

> tra sé e il proprio Io che da Socrate e Platone in poi siamo soliti chiamare "pensiero". Pur essendo la base di ogni filosofare, questo tipo di pensiero non è specialistico e non affronta questioni teoretiche. La linea di demarcazione tra chi giudica e chi non si forma un giudizio passa trasversalmente per tutte le differenze sociali, per tutte le differenze di civiltà e di cultura" (p.124).

Questo sintetico resoconto del testo di Hannah Arendt non rende appieno la ricchezza di articolazioni del suo pensiero. Tuttavia alcune considerazioni è possibile farle, soprattutto in relazione al tema del nostro incontro. Intanto possiamo considerare questo testo un modello per un approccio filosofico che nasce dal vivo dell'esperienza, dall'analisi di fatti concreti e di problemi che ci impegnano in quanto cittadini del mondo. Modello che contiene precise implicazioni, che rimandano ad altri luoghi della riflessione arendtiana. C'è il rifiuto del pensiero metafisico e dell'astrattezza universalistica. Il richiamo al dovere dell'obbedienza si sostanziava di tutta una tradizione di pensiero politico normativo in cui la comunità e la ragion di Stato rendevano "morale" l'espletamento del proprio dovere e l'obbedienza. Arendt dice che "gli uomini e non l'Uomo, vivono sulla Terra e abitano il mondo" (Vita activa, p. 7) e che l'agire

politico si fonda su questa pluralità. L'agire politico, che per Arendt è la pratica che conferisce senso all'esistenza, non ha nulla a che fare col potere che dirige e impone, ma molto con la profonda necessità degli uomini di comunicare e di agire insieme, di darsi reciprocamente valore. Politica vuol dire quindi spazio dell'elaborazione - nel rispetto delle diversità - delle relazioni, dei fini, dei modi della convivenza senza che questi siano imposti dall'alto in nome di un idea di bene comune da cui inevitabilmente molti saranno esclusi. Lo spazio politico è quindi uno spazio potenziale, non fattuale, non dato una volte per tutte, fosse pure il migliore dei mondi possibili. E' lo spazio della democrazia partecipata.
Ricordiamo che chi durante il nazismo si ritirò a vita privata,

comportamento che per noi è il contrario della partecipazione, in quel caso eccezionale assumeva l'unico comportamento adatto a chi è consapevole di non avere nessun potere decisionale. Si riservava lo spazio della dignità. Erano coloro che non si erano adattati al già giudicato, al verdetto della storia che rendeva fatale l'avvento del nazismo. Erano coloro che esercitavano il giudizio sulle cose, non applicando astrattamente e automaticamente principi generali. Era una situazione eccezionale, una situazione di conflitto in cui non si poteva ricorrere alle norme morali che fino a quel momento non avevano posto alcun problema. Possiamo immaginare oggi, la situazione di chi ha coltivato l'illusione che la guerra fosse finita in Occidente, che gli Stati fossero sovrani, che non potessero esistere guerre "giuste"; e a cui invece si dice che esistono guerre umanitarie, che esistono gli "errori" di chi bombarda ospizi e ambasciate, che occorre scegliere tra Milosevic e la NATO. Non siamo, ovviamente, nella situazione di doverci ritirare a fare vita privata, di nasconderci o di emigrare. Ma abbiamo la necessità di difendere l'autonomia del giudizio e di immaginare un luogo del dire e dell'agire politico che non sia quello della delega o del consenso conformista.

Riflettere sull'Olocausto insieme ad Hannah Arendt

27 gennaio del 2002: Giornata della memoria. Da: Girodivite, 18 ottobre 2006.

L'orizzonte del pensiero di Hannah Arendt, è il periodo tra le due guerre, il nazismo e il totalitarismo. Occorre tenerne conto, come e più che per qualsiasi altro pensatore, perché il suo pensiero cresce sulle cose, sui problemi, sugli eventi drammatici fra le due guerre vissuti sulla propria pelle. La questione ebraica, il nazismo, la dittatura, la società di massa, la libertà, l'agire politico, l'identità, la pluralità, sono i temi che via via si trova ad affrontare. Nata nel 1906, morta nel 1975, ebrea tedesca, Hannah Arendt sotto la guida di Karl Jaspers si laurea nel 1928 con una dissertazione su: Il concetto di amore in Sant'Agostino. Con l'ascesa al potere di Hitler (1933) è costretta a emigrare in Francia. Arrestata nella primavera del 1940 per la sua attività a sostegno delle comunità ebraiche, riesce a fuggire e a rifugiarsi negli Stati Uniti, assumendone la cittadinanza. La sua riflessione ha quest'unico confine, il mondo dell'esperienza storica, quella in cui, per usare un termine heideggeriano, l'uomo è "gettato" e con la quale deve fare i conti. L'eccezionalità e la drammaticità degli eventi a cui assiste orientano il suo pensiero verso la filosofia politica, ma anche da questa prende le distanze perché per Hannah Arendt pensare la politica non è pensarne il suo aspetto normativo. Pensare la politica è pensare l'esistenza, pensare il mondo "plurale" in cui viviamo e siamo. E pensarli in relazione a ciò che ci è essenziale, la libertà e la pienezza della vita di relazione. "Il senso umano della realtà esige che gli uomini attualizzino la mera datità passiva del loro essere, non per mutare, ma per rendere articolato e chiamare alla piena esistenza ciò che altrimenti dovrebbero comunque soffrire passivamente". La vita di relazione è quella nella quale siamo interamente noi stessi, nella quale nasciamo, perché nascere è creare il nuovo, agire. "Ogni relazione promossa dall'agire, creando un legame tra uomini agenti, rientra […] in una rete di relazioni e rapporti in cui produce nuovi rapporti, modifica in modo decisivo la costellazione delle relazioni esistenti e così dilaga sempre più e mette in contatto e in movimento più di quanto l'agente abbia mai potuto prevedere" Esperienza Parola chiave per comprendere il senso di queste affermazioni è Esperienza. Leggo da un comune dizionario della lingua italiana, di Devoto-Oli. Esperire: attuare come probabile mezzo risolutivo; tentare, provare, mettere in opera Esperienza: conoscenza acquisita mediante il contatto con un particolare settore della realtà; contenuto psichico dovuto ad una vicenda individuale . Politica: teoria e pratica che hanno per oggetto la costituzione, l'organizzazione, l'amministrazione dello Stato e la direzione della vita pubblica; l'attività relativa al governo, spec. in quanto si svolge in rapporto a determinati settori o indirizzi, oppure è suscettibile di giudizio; quanto è riconducibile alla partecipazione, diretta o indiretta, alla vita politica del momento. Fig.: Comportamento improntato ad accortezza e ad astuzia, in vista di un più facile raggiungimento dei propri fini. Politico, lett.: essenzialmente caratterizzato dalla partecipazione alla vita sociale e politica. Questa breve ricognizione ci permette di fare un piccolo discorso filosofico - il vocabolario fotografa una realtà, un momento del pensiero collettivo - : da un lato c'è la politica com'è, nella pratica (purtroppo spesso) e nel senso comune, quel senso comune che poi ce la fa accettare così com'è, che non ci fa immaginare, pensare che ci potrebbe essere un altro senso. Dall'altro la politica come dovrebbe essere, come in qualche luogo è stata agita, pensata, voluta. In Arendt il termine esperienza acquista un valore particolare. Quello che Arendt si propone con la riflessione filosofica è "di descrivere esperienze, non di costruire dottrine" . E' il caso della vicenda degli intellettuali ebrei in Germania nel cruciale passaggio dal Settecento all'Ottocento descritta attraverso la vicenda di Rahel Varnhagen, un'intellettuale tedesca, ebrea vissuta negli anni in cui si tentava - alla fine del Settecento - un'assimilazione degli ebrei alle varie comunità nazionali. Un processo che li espose alle contestazioni delle varie lobbies sociali. Pur di inserirsi nella buona società berlinese Rahel considerò come un marchio da cancellare la propria origine ebraica. La sua vita misura il fallimento di questa scelta, che ne fece una sradicata, cosa che non avvenne al suo erede intellettuale Heinrich Heine, che fece della sua origine ebraica un punto di forza per criticare i miti e le illusioni dei romantici. Il libro su Rahel Varnhagen offre un esempio del modo di procedere di Hannah Arendt: una esperienza che si fa pensiero e che "a partire da qui radicalmente mette in questione codici consueti". L'esperienza di un'assimilazione mancata, vissuta con e attraverso Rahel (l'assimilazione ai valori universalistici dell'illuminismo, l'assimilazione degli ebrei agli altri cittadini da Rahel voluta), introduce il tema della diversità e su questa base "misura i fondamenti stessi del pensiero occidentale moderno quale si è venuto formando tra illuminismo e romanticismo". Da questo pensiero della differenza non emerge però, " una frantumazione dell'universalità in particolarismi o separatismi solipsistici, ma un modo nuovo di pensare l'universalità stessa come un insieme di diversità in relazione". Dalla realtà della sua nascita Rahel non può uscire negando se stessa: "Per il mondo e nel mondo ha stabilità solo ciò che si può comunicare. Ciò che non viene comunicato e non si può comunicare, ciò che non è stato raccontato a nessuno e non ha colpito nessuno, che non è penetrato per nessuna via nella coscienza dei tempi e sprofonda senza significato nell'oscuro caos dell'oblio, è condannato alla ripetizione". Il libro su Rahel è importante anche per un altro aspetto. Arendt è convinta che la nostra storia per trovare un senso deve essere narrata e narrata da altri. E' quello che lei fa con Rahel. L'identità personale postula sempre il rapporto con l'altro. Ulisse piange solo al racconto delle sue azioni, dice Arendt che "soltanto ascoltando il racconto egli acquista piena nozione del suo significato" . "Verità, che senza realtà, realtà condivisa con altri uomini, perde ogni senso". Il valore dell'esperienza per il filosofare arendtiano. Appare chiaro che qui non si tratta di appiattire il pensiero sull'esperienza. Hannah Arendt analizza il fenomeno del totalitarismo: è la sua esperienza storica (gli anni in cui visse), la sua esperienza esistenziale (lei è ebrea), filosofica (la critica al pensiero della modernità nella filosofia del '900). Il risultato della sua riflessione è la comprensione forse più acuta di questi fenomeni della storia del nostro secolo. Valore dell'esperienza vuol dire che riusciamo a leggere la nostra vita e le nostre esperienze, che - badiamo bene - non sono così eccezionali -, senza utilizzare categorie pronte all'uso, ma facendo della nostra esperienza una chiave di lettura . Se riusciamo a leggere la nostra esperienza non come un fatto privato e individuale , un'esperienza eccezionale, ma come parte del nostro essere "gettati" (l'insegnamento heideggeriano) del nostro vivere in una data epoca. Una data epoca che ci rivela a noi stessi, nella quale troviamo le coordinate del nostro esistere - vivere, pensare, sentire, agire in un certo modo. Non si tratta di interpretare la nostra singola esistenza ma di capire il nostro universo di senso, nel quale non siamo solo noi ma anche "l'altro", gli altri. Agire politico E' la pluralità che fonda l'agire politico, il riconoscimento reciproco delle diversità viste all'interno della scena comune che è il mondo. Agire politico, action, "sola attività che metta in rapporto diretto gli uomini senza la mediazione delle cose materiali". Quindi condizione in cui l'uomo non si aliena nelle cose che usa e produce ma si realizza fra gli uomini e grazie ad essi. In senso kantiano, non usa strumentalmente il prossimo per i propri fini, ma lo riconosce come diverso e ne rispetta il punto di vista senza volergli imporre il proprio. L'azione politica viene distinta dal lavoro - ciò che serve per la sopravvivenza biologica- e dalla poiesis - attraverso cui l'uomo costruisce oggetti durevoli. L'azione politica è la pratica attraverso cui l'essere umano conferisce senso alla sua esistenza. "Si riscatta dalla naturalità del genere affermandosi nella sua singolarità. Descritta come un fine in sé, tra le attività umane è l'unica capace di dare vita al nuovo". Lo spazio pubblico dell'agire è quello della parola, del discorso. Tutte le filosofie che hanno cercato di occuparsi delle città "si sono astrattamente poste l'obiettivo di definire dall'esterno quali devono essere i fini ultimi a cui la convivenza politica deve tendere". Per Arendt si tratta invece di dare valore all'essere insieme, al momento della elaborazione, nel rispetto della diversità, delle relazioni, dei fini, dei modi della convivenza, senza che questi siano imposti dall'alto in nome di un'idea di bene comune da cui inevitabilmente molti saranno esclusi. Lo spazio politico è quindi in Arendt uno spazio potenziale, non fattuale, non dato una volta per tutte, fosse pure il migliore dei mondi possibile. Si pone qui la questione del potere. Per Arendt esso consiste in attività, relazioni, e come tale non può essere ceduto. Potere come autorità, autorità conferita nel vivo delle relazioni e nel fare come agire politico. Nozione poco determinata, ma sulla quale possiamo fondare la nostra libertà, che "non è qualcosa di cui ci si possa impossessare una volta per tutte […]. Indeterminabile, se non al prezzo della sua distruzione, essa deve tuttavia continuare a sostenerci con la promessa di un suo arrivo sempre imminente" . E', questo, un fare, il più lontano possibile da quello che invece caratterizza, secondo Arendt, gli

individui nella società di massa, in cui l'isolamento getta facilmente gli individui alla sottomissione. Autorità come contrario di potere, quel potere e quell'isolamento che hanno prodotto il venir meno della capacità di giudicare, di saper discriminare "bene" e "male", che hanno prodotto "la banalità del male", gli orrori nazisti dei campi di concentramento.
Responsabilità (giudizio) Le origini del totalitarismo e le cronache del processo Eichmann sono i testi in cui Arendt ha svolto alcune delle sue riflessioni più interessanti. Riguardano il giudizio e la responsabilità ma presuppongono sempre l'idea di politica e il tema della pluralità di cui abbiamo parlato. Interessante, ancora una volta, dare un'occhiata al dizionario di Devoto e Oli. Responsabilità:

Consapevolezza di un impegno assunto o di un comportamento, l'accettazione di ogni conseguenza, spec. dal punto di vista della sanzione morale e giuridica; in diritto, situazione per la quale un soggetto giuridico può essere chiamato a rispondere della violazione colposa o dolosa di un obbligo. Questa per la parola astratta. E notiamo come implichi da un lato la consapevolezza di un impegno assunto o di un comportamento, mentre dall'altra è prevista la responsabilità per la violazione di un obbligo. Responsabile: di persona che in quanto consapevole del proprio agire diviene suscettibile di giudizio o di sanzione; conscia della proprie responsabilità, e quindi perfettamente adeguata al compito per serietà e capacità; i cittadini più illuminati e solleciti del pubblico bene; di persona in quanto investita di determinati doveri in riferimento alla mansione che ricopre o al grado che riveste; lo stesso che colpevole (rendersi responsabili di). In questo senso il termine una varietà di significati, che mettono in campo le mansioni, le responsabilità di ognuno , ma anche, ancora una volta, la consapevolezza. Consapevolezza e responsabilità, sono due termini di nuovo riuniti da Arendt quando il senso comune cercava di separarle. Avveniva in un momento storico e in relazioni a fatti, eccezionali. Quelli in cui siamo chiamati a pensare e giudicare fuori dalla rete delle categorie date, dei principi universali quando diventano vuote parole atte a giustificare tutto. Pubblicato per la prima volta nel 1958 negli Stati Uniti,

Le origini del totalitarismo ha avuto diverse ristampe (l'ultima, recente, edizioni Comunità). Libro controverso e rifiutato in passato dalla sinistra per l'assimilazione di nazismo e stalinismo col totalitarismo, analizza diversi nodi storici: "il fallimento degli Stati nazionali, e della loro promessa di coniugare cittadinanza e universalità dei diritti umani; la massificazione della società, che trasforma gli appartenenti alle masse in atomi impotenti e isolati; l'illimitato desiderio espansionistico dell'imperialismo, che oltre a concorrere alla formazione di una mentalità dominatrice insegna all'Europa i metodi illegali e arbitrari messi a punto nelle colonie; il razzismo [antisemitismo] che porta con sé il fardello di credenze legate al sangue e al suolo; l'elaborazione di ideologie che pretendono di procedere in accordo con le eterne leggi della Natura e della Storia". Ma a capire ancor meglio la natura del totalitarismo - e, forse, i rischi sempre in agguato per la società di massa in cui viviamo e che rendono necessario un fare politico come quello che abbiamo descritto - i celebri servizi giornalistici sul «New Yorker» in occasione del processo Eichmann nel 1961. Si tratta del processo al criminale nazista Eichmann, uno dei responsabili dell'Olocausto, processo in cui la posizione di Arendt si distingue sia dalla difesa dell'accusato (non aveva fatto altro che ubbidire agli ordini) sia dall'accusa (che con Eichmann pretendeva di processare un sistema). Si tratta invece di responsabilità personale e nell'analisi di questa responsabilità emerge la nozione di giudizio. Ma andiamo per ordine. Quello che colpisce Arendt è la assoluta normalità di Eichmann: un uomo che poteva compiere quei crimini e sentirsi tranquillo (non era solo una linea della difesa), che poteva mandare gli ebrei nelle camere a gas e poi giocare coi bambini, essere un buon padre di famiglia. Ciò che la colpisce è la banalità. Eichmann è un "banale" mostro "perché, seguendo le indicazioni di giuristi e filosofi, si è scaricato da ogni responsabilità obbedendo a un ordine formalmente legittimo, senza aver il coraggio di pensare con la propria testa […]. Diventa così il modello di ogni deresponsabilizzazione burocratica". Per Arendt la virtù non è un habitus insegnabile, è una perenne interrogazione nelle situazioni di conflitto, "resistenza deliberata a ogni conformismo di un ethos collettivo". Ricordiamo la critica ai principi astratti, "la radicata diffidenza di Arendt per ogni esaltazione totalizzante dei "diritti umani", ritorniamo al rifiuto del pensiero della permanenza, il pensiero metafisico, che si traduce in un pensiero della stabilità e dell'ordine politici. Ancora una volta il richiamo è alla concretezza dell'esperienza, al particolare, al singolare. "L'inesorabile banalità del male sembra potersi arrestare soltanto attraverso il giudizio che distingue, a prescindere da leggi e criteri generali, ciò che è giusto e ciò che è sbagliato" . "Nessun criterio universale e nessun richiamo al dovere verso l'ethos di una determinata comunità possono giustificarmi per la mia mancata responsabilità, per il mio non avvenuto giudizio". Giudizio Giudizio è, in senso kantiano, "l'attribuzione di un oggetto a una categoria (oggettiva o soggettiva) espressa mediante il rapporto di due concetti; nel senso comune è un parere motivato, un'opinione". Ma anche, più analiticamente, "la capacità individuale di valutare o definire"; e, nel significato estensivo "sentenza, decisione". Eichmann non ha esercitato la sua capacità di giudizio, l'individuo isolato della società di massa non esercita questa facoltà. Si tratta invece, per Arendt, nelle situazioni di conflitto, di riprendere la nozione kantiana del giudizio nella terza critica, non il giudizio determinante, che applica principi generali alle cose particolari (e rischia di escludere tutto ciò che non si conforma a questi principi), ma il giudizio riflettente, simile a quello estetico, che parte dal particolare ma un particolare in cui è visibile, si riflette, il senso universale, il fine, potremmo dire il giusto. "E' a questo proposito [interpretare l'orrore nazista come un avvenimento della storia dell'essere, il ridurre l'ente a cosa] che l'atteggiamento malinconico della Arendt, di cui parla Lyotard, si allontana dal rammemorare [...] di Heidegger per farsi "responsabile e battagliero" nei confronti di una realtà che strappa alla contemplazione [...]. E' dall'autoinganno implicito in ogni puro filosofare, che il suo pensiero, accettando la sfida del suo essere "gettato" "situato", assai più dell' "Esser-ci" heideggeriano, trova la forza di testimoniare per ciò che è accaduto e non doveva accadere.

Una testimonianza sorretta innanzitutto dal faticoso tentativo di ricostruire gli avvenimenti che hanno fatto esplodere il "male radicale"; poi, dalla difficile riflessione su di un possibile significato inedito di politica; e infine, dalla sommessa speranza che si possa trovare nella capacità di giudizio il luogo da cui combattere la "banalità del male" Nel 1961, Hannah Arendt seguì a Gerusalemme il processo al criminale nazista Adolf Eichmann come corrispondente del The New Yorker, e fu sulle colonne di quel giornale che il resoconto del processo uscì per la prima volta. *La banalità del male*, pubblicato per la prima volta da Feltrinelli nel 1964 sull'edizione americana del maggio 1963, più ampio rispetto al resoconto, ne mantiene tuttavia il taglio descrittivo e il linguaggio chiaro, in cui la

riflessione si unisce al racconto e alla cronaca. Un libro prezioso, sia per ricostruire una pagina fondamentale della storia del nostro secolo, sia per avviare una riflessione filosofica sui temi cui prima abbiamo accennato e che, per il modo in cui è scritto, può raccomandarsi con sicurezza alla lettura degli studenti.
Trascriviamo da La banalità del male le pagine dedicate al racconto del caso della Danimarca. Eichmann aveva avuto il compito di sovrintendere alla parte organizzativa della deportazione degli ebrei nei campi di concentramento da tutti i paesi che via via il Reich sottoponeva al suo controllo. Il caso danese si stacca da tutti gli altri, come ci segnala la stessa Arendt - che però nel libro racconta tutte le vicende dei singoli paesi - ed è per questo che

noi lo segnaliamo, ad esemplificazione anche delle riflessioni di Hannha Arendt sulla responsabilità e sul giudizio a partire dal caso Eichmann.

> "Ma fu in Danimarca che i tedeschi dovettero constatare quanto giustificate fossero le apprensioni del ministero degli esteri.[i timori delle difficoltà che si sarebbero incontrate nei paesi scandinavi per imporre loro la soluzione finale].La storia degli ebrei danesi è una storia sui generis, e il comportamento della popolazione e del governo non trova riscontro in nessun altro paese d'Europa,

occupato o alleato dell'Asse o neutrale e indipendente che fosse. Su questa storia si dovrebbero tenere lezioni obbligatorie in tutte le università ove vi sia una facoltà di scienze politiche, per dare un'idea della potenza enorme della non violenza e della resistenza passiva, anche se l'avversario è violento e dispone di mezzi infinitamente superiori. Certo, anche altri paesi europei difettavano di "comprensione per la questione ebraica", e anzi si può dire che la maggioranza dei paesi europei fossero contrari alle soluzioni "radicali" e "finali". Come la

Danimarca, anche la Svezia, l'Italia e la Bulgaria si rivelarono quasi immuni dall'antisemitismo, ma delle tre di queste nazioni che si trovarono sotto il tallone tedesco soltanto la danese osò esprimere apertamente ciò che pensava. L'italia e la Bulgaria sabotarono gli ordini della Germania e svolsero un complicato doppio gioco, salvando i loro ebrei con un tour de force d'ingegnosità, ma non contestarono mai la politica antisemita in quanto tale. Era esattamente l'opposto di quanto fecero i danesi. Quando i tedeschi, con una certa cautela, li invitarono ad introdurre il distintivo giallo, essi risposero che il re sarebbe stato il primo a portarlo, e i ministri danesi fecero presente che qualsiasi provvedimento antisemita avrebbe provocato le loro immediate dimissioni. Decisivo fu poi il fatto che i tedeschi non riuscirono nemmeno a imporre che si facesse una distinzione tra gli ebrei di origine danese (che erano circa seimilaquattrocento) e i millequattrocento ebrei di origine tedesca che erano riparati in Danimarca prima della guerra e che ora il governo del Reich aveva dichiarato apolidi. Il rifiuto opposto dai danesi dovette stupire enormemente i tedeschi, poiché ai loro occhi era quanto mai "illogico" che un governo proteggesse gente a cui pure aveva negato categoricamente la cittadinanza e anche il permesso di lavorare [...] I danesi spiegarono ai capi tedeschi che siccome i profughi, in quanto apolidi, non erano più cittadini tedeschi, i nazisti non potevano pretendere la loro consegna senza il consenso danese. Fu uno dei pochi casi in cui la condizione di apolide si rivelò un buon pretesto, anche se naturalmente non fu per il fatto in sé di essere apolidi che gli ebrei si salvarono, ma perché il governo danese aveva deciso di difenderli. Così i nazisti non poterono compiere nessuno di quei passi preliminari che erano tanto importanti nella burocrazia dello sterminio, e le operazioni furono rinviate all'autunno del 1943. Quello che accadde allora fu veramente stupefacente; per i tedeschi, in confronto a ciò che avveniva in altri paesi d'Europa, fu un grande scompiglio. Nell'agosto del 1943 (quando ormai l'offensiva tedesca in Russia era fallita, l'Afrika Korps si era arreso in Tunisia e gli Alleati erano sbarcati in Italia) il governo svedese annullò l'accordo concluso con la Germania nel 1940, in base al quale le truppe tedesche avevano diritto di attraversare la Svezia. A questo punto i danesi decisero di accelerare un po' le cose: nei cantieri della Danimarca ci furono sommosse, gli operai si rifiutarono di riparare le navi tedesche e scesero in sciopero. Il comandante militare tedesco proclamò lo stato d'emergenza e impose la legge marziale, e Himmler pensò che fosse il momento buono per affrontare il problema

ebraico, la cui "soluzione si era fatta attendere fin troppo. Ma un fatto che Himmler trascurò fu che (a parte la resistenza danese) i capi tedeschi che ormai da anni vivevano in Danimarca non erano più quelli di un tempo.[…]
Comunque, fin dall'inizio era chiaro che le cose non sarebbero andate bene, e l'ufficio di Eichmann mandò allora in Danimarca uno dei suoi uomini migliori, Rolf Günther, che sicuramente nessuno poteva accusare di non avere la necessaria "durezza". Ma Günther non fece nessuna impressione ai suoi colleghi di Copenhagen,

e von Hannecken si rifiutò addirittura di emanare un decreto che imponesse a tutti gli ebrei di presentarsi per essere mandati a lavorare. Best [plenipotenziario del Reich] andò a Berlino e ottenne la promessa che tutti gli ebrei tedeschi sarebbero stati inviati a Theresienstadt [campo di concentramento "blando" dove venivano mandate alcune categorie "privilegiate" di ebrei], a qualunque categoria appartenessero - una concessione molto importante, dal punto di vista dei nazisti. Come data del loro arresto e della loro immediata deportazione (le navi erano già pronte nei porti) fu fissata la notte del 1° ottobre, e non potendosi fare affidamento né sui danesi né sugli ebrei né sulle truppe tedesche di stanza in Danimarca, arrivarono dalla Germania unità della polizia tedesca, per effettuare una perquisizione casa per casa. Ma all'ultimo momento Best proibì a queste unità di entrare negli alloggi, perché c'era il rischio che la polizia danese intervenisse e, se la popolazione danese si fosse scatenata, era probabile che i tedeschi avessero la peggio. Così poterono essere catturati soltanto quegli ebrei che aprivano volontariamente la porta. I tedeschi trovarono esattamente 477 persone (su più di 7.800) in casa e disposte a lasciarli entrare. Pochi giorni prima della data fatale un agente marittimo tedesco, certo Georg F. Duckwitz, probabilmente istruito dallo stesso Best, aveva rivelato tutto il piano al governo danese, che a sua volta si era affrettato a informare i capi della comunità ebraica. E questi, all'opposto dei capi ebraici di altri paesi, avevano comunicato apertamente la notizia ai fedeli, nelle sinagoghe, in occasione delle funzioni religiose del capodanno ebraico. Gli ebrei ebbero appena il tempo di lasciare le loro case e di nascondersi, cosa che fu molto facile perché, come si espresse la sentenza, "tutto il popolo danese, dal re al più umile cittadino", era pronto ad ospitarli. Probabilmente sarebbero dovuti rimanere nascosti per tutta la durata della guerra se la Danimarca non avesse avuto la fortuna di essere vicina alla Svezia. Si ritenne opportuno trasportare tutti gli ebrei in Svezia, e così si fece con l'aiuto della flotta da pesca danese. Le spese di trasporto per i non abbienti (circa cento dollari a persona) furono pagate in gran parte da ricchi cittadini danesi, e questa fu forse la cosa più stupefacente di tutte, perché negli altri paesi gli ebrei pagavano da sé le spese della propria deportazione, gli ebrei ricchi spendevano tesori per comprarsi permessi di uscita [...], o corrompendo le autorità locali o trattando "legalmente" con le SS, le quali accettavano soltanto valuta pregiata e, per esempio in Olanda, volevano dai cinquemila ai diecimila dollari per persona. Anche dove la popolazione simpatizzava per loro e cercava sinceramente di aiutarli, gli ebrei dovevano pagare se volevano andar via, e quindi le possibilità di fuggire, per i poveri, erano nulle. Occorse quasi tutto ottobre per traghettare gli ebrei attraverso le cinque-quindici miglia di mare che separano la Danimarca dalla Svezia. Gli svedesi accolsero 5919 profughi, di cui almeno 1000 erano di origine tedesca, 1310 erano mezzi ebrei e 686 erano non ebrei sposati ad ebrei. (Quasi la metà degli ebrei di origine danese rimase invece in Danimarca, e si salvò tenendosi nascosta.) Gli ebrei non danesi si trovarono bene come non mai, giacché tutti ottennero il permesso di lavorare. Le poche centinaia che la polizia tedesca era riuscita ad arrestare furono trasportati a Theresienstadt: erano persone anziane o povere, che non erano state avvertite in tempo o non avevano capito la gravità della situazione. Nel ghetto godettero di privilegi come nessun altro gruppo, grazie all'incessante campagna che in Danimarca fecero su di loro le autorità e privati cittadini. Ne perirono quarantotto, una percentuale non molto alta, se si pensa alla loro età media. Quando tutto fu finito,

Eichmann si sentì in dovere di riconoscere che "per varie ragioni" l'azione contro gli ebrei danesi era stata un "fallimento"; invece quel singolare individuo che era il dott. Best dichiarò: "Obiettivo dell'operazione non era arrestare un gran numero di ebrei, ma ripulire la Danimarca dagli ebrei: ed ora questo obiettivo è stato raggiunto".
L'aspetto politicamente e psicologicamente più interessante di tutta questa vicenda è forse costituito dal comportamento delle autorità tedesche insediate in Danimarca, dal loro evidente sabotaggio degli ordini

che giungevano da Berlino. A quel che si sa, fu questa l'unica volta che i nazisti incontrarono una resistenza aperta, e il risultato fu a quanto pare che quelli di loro che vi si trovarono coinvolti cambiarono mentalità. Non vedevano più lo sterminio di un intero popolo come una cosa ovvia. Avevano urtato in una resistenza basata su saldi principî, e la loro "durezza" si era sciolta come ghiaccio al sole permettendo il riaffiorare, sia pur timido, di un po' di vero coraggio. Del resto, che l'ideale della "durezza", eccezion fatta forse per qualche bruto, fosse soltanto un mito creato apposta per autoingannarsi, un mito che nascondeva uno sfrenato desiderio di irregimentarsi a qualunque prezzo, lo si vide chiaramente al processo di Norimberga, dove gli imputati si accusarono e si tradirono a vicenda giurando e spergiurando di essere sempre stati "contrari" o sostenendo, come fece più tardi anche Eichmann, che i loro superiori avevano abusato delle loro migliori qualità. (A Gerusalemme [sede del processo a Eichmann nel 1960] Eichmann accusò "quelli al potere" di avere abusato della sua "obbedienza": "Il suddito di un governo buono è fortunato, il suddito di un governo cattivo è sfortunato: io non ho avuto fortuna"). Ora avevano perduto l'altezzosità d'un tempo, e benché i più di loro dovessero ben sapere che non sarebbero sfuggiti alla condanna, nessuno ebbe il fegato di difendere l'ideologia nazista" [1].

---

[1] Hannah Arendt, La banalità del male. Eichmann a Gerusalemme, Feltrinelli, 1999, pp.177-182

Il 900 in una biografia: Le date di Hannah

1906 Johanna Arendt nasce il 14 ottobre a Hannover, figlia unica di Paul Arendt e Martha Cohn
1910 La famiglia si trasferisce a Königsberg, dove Hannah frequenta le scuole fino alla maturità.
1924 Studi di filosofia, greco e teologia all'università di Marburg con Rudolf Bultmann e Martin Heidegger. Comincia la sua lunga storia d'amore con Heidegger che durerà fino all'esilio negli Usa.
1928 Laurea all'università di Heidelberg con Karl Jaspers. Il sodalizio fra loro durerà fino alla morte di Jaspers, nel '69. Matrimonio con Gunther Stern (poi Anders).

1930 Biografia di Rahel Varnhagen.
1930-33 Attività clandestina per i sionisti tedeschi. Arresto e fuga in Francia.
1935-40 Si separa da Gunther Anders e sposa Heinrich Blucher. Internata nel campo di Gurs in Francia, fugge con la madre e il marito a Marsiglia, dove riceve da Benjamin il manoscritto delle «Tesi di filosofia della storia».
1941 Da Lisbona negli Stati uniti
1941-'49 Lavora per alcune riviste, per la casa editrice Schocken, per la Jewish Cultural Reconstruction.
1949-50 Viaggio in Europa, incontra Jaspers e rivede Heidegger.
1950 Cittadinanza americana. Esce «Le origini del totalitarismo».
1953-56 Corsi a Princeton, Harvard, New York, Berkeley.

Dal '63 al '67 a Chicago.
1961-62 Inviata del «New Yorker» al processo contro Adolf Eichmann a Gerusalemme.
1962 Aspre polemiche sui suoi articoli sul processo Eichmann. Viaggio in Europa. Esce «On Revolution»
1968 Corsi alla New School di New York mentre cresce il movimento studentesco.
1970 Muore Heinrich Blucher.
1975 Viaggio in Europa, nuovo incontro con Heidegger. Il 4 dicembre Hannah muore a New York di attacco cardiaco.

Bibliografia

Le opere

Vita activa. La condizione umana, Milano 1989 (1958) (VA)
Le origini del totalitarismo, Milano 1967
Sulla rivoluzione, Milano 1983
Tra passato e futuro, Milano 1991
Il futuro alle spalle, Bologna 1981
La vita della mente, Bologna 1987
Teoria del giudizio politico, il Melangolo, Genova, 1990
Rahel Varnhagen. Storia di una ebrea, a c. di Lea Ritter Santini, Milano, Il Saggiatore, 1988 (RV)
Hannah Arendt, Tra passato e futuro, Garzanti (1991) ristampa 2001, introduzione di Alessandro

del Lago. Tema della tradizione, l'impossibilità di trasmettere tra le generazioni in assenza di un agire politico. C'entra anche l'istruzione. (ma è poco convincente il saggio ad essa più specificamente dedicato: La crisi dell'istruzione. Il libro è stato pubblicato per la prima volta nel 1961 a cui vennero aggiunti poi due saggi nella ristampa del 1968.

Opere su Hannah Arendt

M. De Bartolomeo, V. Magni, Filosofia. Filosofie contemporanee, tomo 5, Atlas, 1998.
Pietro Barcellona, Politica e passioni, Bollati Boringhieri, 1997.
Remo Bodei, Novecento: apogeo e crisi del moderno, in Storia contemporanee, Donzelli, 1997.

L. Boella, Hannah Arendt. Agire politicamente, pensare politicamente, Milano, 1995.
Laura Boella, Cuori pensanti, Edizioni Tre Lune, 1998.
Adriana Cavarero, Tu che mi guardi, tu che mi racconti. Filosofia della narrazione, Feltrinelli, 1997.
Umberto Cerroni, Il pensiero politico del '900, Tascabili economici Newton, 1995.
Cioffi e altri, Corso di filosofia. L'età contemporanea, Bruno Mondadori, 1997. - pp. 1104-1105.
Rita Corsi, Singolarità e pluralità nel pensiero politico di Hannah Arendt e di Carla Lonzi, in "Sofia", n. 3, luglio-dicembre 1997, pp. 30-49.
G. De Martino, M. Bruzzese, Le filosofe. Le donne protagoniste nella storia del pensiero, Liguori, 1994.

Roberto Esposito (a cura di), Oltre la politica. Antologia del pensiero "impolitico", Bruno Mondadori, 1996.

S. Forti, Vita della mente e tempo della polis. Hannah Arendt tra filosofia e politica, Franco Angeli, , Milano, 1994

Simona Forti (a cura di), Hannah Arendt, Bruno Mondadori, 1999.

Augusto Illuminati, I custodi armati della nazione, in: «Il Manifesto», 27 maggio 1999.

Augusto Illuminati, Per patria una tribù, in: «Il Manifesto», 27 maggio 1999.

Diana Sartori, "Tu devi": Un ordine materno, in: Diotima. Oltre l'uguaglianza. Le radici femminili dell'autorità", Liguori, 1995.

Katja Tenenbaum, Rahel o della diversità. Appunti su Hannah Arendt , in «Sofia», n.0, gennaio giugno1996.

E. Young-Bruehl, *Hannah Arendt 1906-1975. Per amore del mondo*, Bollati Boringhieri, Torino, 1990.

Nota editoriale

Il testo che dà titolo a questo volume, "Socrate al caffé", è stato pubblicato in occasione del bookfestival di Caltagirone (Zerobook, 1999) in formato opuscolo. Gli altri testi sono stati pubblicati all'interno del giornale Girodivite.

Questo libro è stato edito per la prima volta da Zerobook: www.girodivite.it nella collana "Sherazade". Prima edizione: marzo 2007

L'autrice

Pina La Villa: nata nel 1960 a Francofonte. Laurea in Storia e Filosofia, insegna nei Licei, vive a Catania. Dirige la rivista Sherazade, si occupa di pari opportunità. Ha svolto ricerche di storia sul Sessantotto in Sicilia. Scrive per Girodivite. Ha pubblicato per ZeroBook: *Elle come* *leggere* (2006), *Segnali di fumo* (2007) con nota di Maria Attanasio, *Socrate al caffé* (2007).

Questo libro

Questo libro: "Socrate al caffé" di Pina La Villa: "Oggi Socrate mi chiederebbe, ci chiederebbe: Cos'è la guerra umanitaria? Cos'è il terrorismo? Cos'è la politica? Cos'è il giudizio? Perché sento questo senso di impotenza?". Attraverso l'idea del non-luogo del caffé e della vicenda di Socrate, la vita e l'interrogarsi di Hannah Arendt. Sullo sfondo, i drammi contemporanei della guerra e della propaganda, della cattiva coscienza.

Le edizioni ZeroBook

Le edizioni ZeroBook nascono nel 2003 a fianco delle attività di www.girodivite.it. Il claim è: "un'altra editoria è possibile". ZeroBook è una piccola casa editrice attiva

soprattutto (ma non solo) nel campo dell'editoriale digitale e nella libera circolazione dei saperi e delle conoscenze. Quanti sono interessati, possono contattarci via email: zerobook@girodivite.it
O visitare le pagine su:
http://www.girodivite.it/-ZeroBook-.html

Ultimi volumi:

Celluloide : storie personaggi recensioni e curiosità cinematografiche / a cura di Piero Buscemi (ISBN 978-88-6711-123-7)
Cento gocce di vita / di Ferdinando Leonzio (ISBN 978-88-6711-121-3)
Donne del socialismo / di Ferdinando Leonzio (ISBN 978-88-6711-117-6)
Neuroni in fuga / Adriano Todaro (ISBN 978-88-6711-111-4)
Parole rubate / redazione Girodivite-ZeroBook (ISBN 978-88-6711-109-1)
Accanto ad un bicchiere di vino : antologia della poesia da Li Po a Rino Gaetano / a cura di Piero Buscemi (ISBN 978-88-6711-107-7, 978-88-6711-108-4)
Il cronoWeb / a cura di Sergio Failla (ISBN 978-88-6711-097-1)
Col volto reclinato sulla sinistra / di Orazio Leotta (ISBN 978-88-6711-023-0)

L'isola dei cani / di Piero Buscemi (ISBN 978-88-6711-037-7)

Saggistica:

I Sessantotto di Sicilia / Pina La Villa, Sergio Failla (ISBN 978-88-6711-067-4)
Il Sessantotto dei giovani leoni / Sergio Failla (ISBN 978-88-6711-069-8)
Antenati: per una storia delle letterature europee: volume primo: dalle origini al Trecento / di Sandro Letta (ISBN 978-88-6711-101-5)
Antenati: per una storia delle letterature europee: volume secondo: dal Quattrocento all'Ottocento / di Sandro Letta (ISBN 978-88-6711-103-9)
Antenati: per una storia delle letterature europee: volume terzo: dal Novecento al Ventunesimo secolo / di Sandro Letta (ISBN 978-88-6711-105-3)
Il cronoWeb / a cura di Sergio Failla (ISBN 978-88-6711-097-1)
Il prima e il Mentre del Web / di Victor Kusak (ISBN 978-88-6711-098-8)
Col volto reclinato sulla sinistra / di Orazio Leotta (ISBN 978-88-6711-023-0)
Il torto del recensore / di Victor Kusak (ISBN 978-6711-051-3)

Elle come leggere / di Pina La Villa (ISBN 978-88-6711-029-2

Segnali di fumo / di Pina La Villa (ISBN 978-88-6711-035-3)

Musica rebelde / di Victor Kusak (ISBN 978-88-6711-025-4)

Il design negli anni Sessanta / di Barbara Failla

Maledetti toscani / di Sandro Letta (ISBN 978-88-6711-053-7)

Socrate al caffé / di Pina La Villa (ISBN 978-88-6711-027-8)

Le tre persone di Pier Vittorio Tondelli / di Alessandra L. Ximenes (ISBN 978-88-6711-047-6)

Del mondo come presenza / di Maria Carla Cunsolo (ISBN 978-88-6711-017-9)

Stanislavskij: il sistema della verità e della menzogna / di Barbara Failla (ISBN 978-88-6711-021-6)

Quando informazione è partecipazione? / di Lorenzo Misuraca (ISBN 978-88-6711-041-4)

L'isola che naviga: per una storia del web in Sicilia / di Sergio Failla

Lo snodo della rete / di Tano Rizza (ISBN 978-88-6711-033-9)

Comunicazioni sonore / di Tano Rizza (ISBN 978-88-6711-013-1)

Radio Alice, Bologna 1977 / di Lorenzo Misuraca (ISBN 978-88-6711-043-8)

L'intelligenza collettiva di Pierre Lévy / di
Tano Rizza (ISBN 978-88-6711-031-5)
I ragazzi sono in giro / a cura di Sergio Failla
(ISBN 978-88-6711-011-7)
Proverbi siciliani / a cura di Fabio Pulvirenti
(ISBN 978-88-6711-015-5)
Parole rubate / redazione Girodivite-
ZeroBook (ISBN 978-88-6711-109-1)
Accanto ad un bicchiere di vino : antologia
della poesia da Li Po a Rino Gaetano / a cura
di Piero Buscemi (ISBN 978-88-6711-107-7,
978-88-6711-108-4)
Neuroni in fuga / Adriano Todaro (ISBN 978-
88-6711-111-4)
Celluloide : storie personaggi recensioni e
curiosità cinematografiche / a cura di Piero
Buscemi (ISBN 978-88-6711-123-7)

Narrativa:
L'isola dei cani / di Piero Buscemi (ISBN
978-88-6711-037-7)
L'anno delle tredici lune / di Sandro Letta
(ISBN 978-88-6711-019-3)

Poesia:
Il libro dei piccoli rifiuti molesti / di Victor
Kusak (ISBN 978-88-6711-063-6)
L'isola ed altre catastrofi (2000-2010) di
Sandro Letta (ISBN 978-88-6711-059-9)
La mancanza dei frigoriferi (1996-1997) / di

Sergio Failla (ISBN 978-88-6711-057-5)
Stanze d'uomini e sole (1986-1996) / di
Sergio Failla (ISBN 978-88-6711-039-1)
Fragma (1978-1983) / di Sergio Failla (ISBN
978-88-6711-093-3)

Libri fotografici:
I ragni di Praha / di Sergio Failla (ISBN 978-88-6711-049-0)
Transiti / di Vicotr Kusak (ISBN 978-88-6711-055-1)
Ventimetri / di Victor Kusak (ISBN 978-88-6711-095-7)

Opere di Ferdinando Leonzio:
Segretari e leader del socialismo italiano / di
Ferdinando Leonzio (ISBN 978-88-6711-113-8)
Breve storia della socialdemocrazia
slovacca / di Ferdinando Leonzio (ISBN 978-88-6711-115-2)
Donne del socialismo / di Ferdinando
Leonzio (ISBN 978-88-6711-117-6)
La diaspora del socialismo italiano / di
Ferdinando Leonzio (ISBN 978-88-6711-119-0)
Cento gocce di vita / di Ferdinando Leonzio
(ISBN 978-88-6711-121-3)

Cataloghi:
ZeroBook: catalogo dei libri e delle idee 2017
ZeroBook: catalogo dei libri e delle idee 2016
ZeroBook: catalogo dei libri e delle idee 2015
ZeroBook: catalogo dei libri e delle idee 2012
Catalogo ZeroBook 2007
Catalogo ZeroBook 2006

Riviste:
Post/teca, antologia del meglio e del peggio del web italiano
ISSN 2282-2437
http://www.girodivite.it/-Post-teca-.html

Girodivite, segnali dalle città invisibili
ISSN 1970-7061
http://www.girodivite.it
https://www.girodivite.it

www.ingramcontent.com/pod-product-compliance
Lightning Source LLC
LaVergne TN
LVHW051703080426
835511LV00017B/2708